SERMENS

DE

DON MIGUEL.

IMPRIMERIE ANTHELME BOUCHER,

RUE DES BONS-ENFANS, N°. 34.

SERMENS

DE

DON MIGUEL.

Nul serment qui n'est à faire
n'est à tenir.

PARIS.

DELAFOREST, LIBRAIRE, PLACE DE LA BOURSE,
RUE DES FILLES-SAINT-THOMAS, Nº. 7.

1828.

SERMENS

DE

DON MIGUEL.

Les fauteurs de l'anarchie, l'Angleterre et ses adeptes, les radicaux de tout pays, arguent spécialement dans les affaires de Portugal des sermens supposés qu'ils prétendent avoir été faits ou jurés par l'infant roi, tant durant son absence du pays que depuis son retour à Lisbonne.

Cette question du serment semble d'une si haute importance ; les adversaires de Don Miguel y attachent un si grand prix ; et tant de gens, parmi les amis même les plus sincères de la légitimité, soit préjugé, soit surprise, ont hasardé sur ce fait présumé, des jugemens si divers, qu'il nous semble utile, et comme indispensable dans l'intérêt de la légitimité, de constater la valeur de ces sermens prétendus.

Et ici nous distinguerons les engagemens pris, dit-on, à l'étranger des sermens présumés de Lisbonne ; la question ainsi scindée se résoudra d'une manière plus claire et plus précise.

Mais avant tout, il sera nécessaire d'entrer dans la nature même du serment ; et d'abord, on devra convenir de ces principes universellement avoués, qu'un serment, pour être valide, doit réunir ces deux conditions : d'une part, « Que l'on soit libre et en état de jurer avec mûre délibération ; le serment d'ailleurs ne renfermant rien d'illicite. »

De l'autre, « Que celui qui reçoit le serment n'ait rien qui le rende incapable d'en tirer avantage, et que lui-même ait qualité pour le recevoir ou l'exiger. »

Or, Don Miguel absent, quelque titre qu'on lui donne, ne put évidemment s'engager, et nous disons qu'aucun n'eut droit de l'y contraindre.

Que si nous consultons le droit politique*,

* Consultez, quant à la France, les représenta-

en aucun lieu le prince absent n'est réputé
libre de toute liberté ; et quant au Portugal,
cette qualité d'absent suffit seule pour suspen-
dre le monarque.

Alphonse III , quoiqu'appelé par les états,
prince étranger du chef de Mathilde de Boulogne, son épouse , ne voulut point à ce titre
souffrir en soi *supposition d'absent* ; et pour
régir le Portugal, le devoir politique fut ici
jusqu'à le faire passer sur les devoirs les plus
saints *. Alphonse V , en quittant le royaume
pour un temps dont il ne pouvait assigner le
terme , crut devoir renoncer à la couronne et
abdiqua. Jean VI, enfin, au moment même où
l'invasion l'obligeait d'abandonner la métropole , déclara formellement que *son absence
cesserait à la paix générale*, et sans tenir
compte de ses promesses datées de la colonie,
libre et rétabli sur le trône de ses pères, *après
avoir médité, avec la plus mûre réflexion,
sur ses principes, seuls capables d'assurer la*

9 Mai 1820, passé au Brésil. 3 Juillet 1821, à bord dans le Tage. Actes contraints.

Du palais de Lisbonne, 4 juin 1824. Acte libre.

lions des barons , à l'occasion du traité de Bretigny,
les dires des états de Cognac, 1526, du parlement
de Paris, 1529.

 * Il répudia Mathilde de Boulogne pour épouser
Béatrix de Castille.

félicité publique, remit en vigueur l'ancienne et antique constitution ; et pour ne point abuser des exemples, et s'en tenir simplement aux termes du contrat, il suffit enfin de savoir que le pacte fondamental récuse, en quelque cas que ce puisse être, les actes de l'absent * : Don Miguel, prince portugais et absent, ne put donc contracter.

Sur la seconde condition, en ce qui touche la faculté d'imposer le serment au prince ou de le recevoir, outre que la royauté solidaire, égale en majesté, n'admet point de supérieur; et qu'entre ceux qui la partagent il n'existe de droit, ni infériorité, ni suprématie, cette faculté serait nulle et abusive à l'égard de Don Miguel, « puisque c'est un principe reconnu que même lorsqu'on a pris un prince avec qui l'on a guerre, on n'est point pour cela maître de son peuple, les droits qu'une personne a sur une autre ne pouvant s'acquérir que du con-

Spécialement un serment politique.

En 1383.

* Outre les conditions renfermées dans cet acte, une des causes de l'annullation du traité d'Estremos conclu entre Ferdinand de Portugal et Jean de Castille, fut que ledit traité avait été ratifié par les seigneurs portugais absens (à Badajoz, ville étrangère).

sentement de celle-ci.» Il ne s'agit donc point seulement *de prendre*, ni moins encore *de surprendre*, le chef d'un peuple pour disposer de ce peuple ; comme d'autre part, « il n'est point d'exception valable de crainte, de surprise, ou de lésion, qui dispense le prince de se conformer à la loi fondamentale; » deux choses que l'accomplissement des promesses supposées de Don Miguel eût indubitablement consommées.

Jean de France, il est vrai, pris les armes à la main , et ne pouvant remplir les conditions d'un traité auquel la nation eut droit de s'opposer ; mais , quant à sa personne, fidèle à la maxime, « que si la bonne foi venait à manquer sur la terre, elle devait se retrouver dans le cœur des rois, » reprit généreusement ses fers.

François Ier., dans une égale impuissance de tenir les sermens de Madrid , « qui lésaient des droits qui, non acquis par lui , devaient être gardés à ses successeurs,» livra ses fils en otage.

Mais Jean et François de France , rois d'une nation actuellement en guerre, et pris en combattant, s'ils ne pouvaient compromettre les droits d'un tiers, avaient, quant à eux *, des obligations à remplir.

Ici don Miguel, chef d'une nation alliée, se présenta, en ami, en prince libre et indépendant; il y aurait donc surprise criminelle, dol et attentat à la bonne foi, ce que nous sommes loin de soupçonner, si, n'étant ni *otage, ni captif*, on eût pensé à le traiter *en captif ou en otage*, et dans cette supposition, supposition qui rangerait les capitulations de *Vienne et de Londres*, dans l'espèce des sermens *de Bayonne*, outre qu'il est certain « qu'un prisonnier n'est tenu de garder ce que par dol ou par force on lui a fait consentir, » don Miguel, comme homme, n'eût point eu la faculté requise *de délibérer mûrement*, et comme prince portugais, engageant les droits des absens, n'eût juré que *des sermens nuls et abusifs*, en sorte que ceux-là même *qui n'ayant droit*, par surprise ou par violence, l'eussent engagé à cet acte illicite, non seulement seraient dans l'obligation de l'en *tenir quitte et délié*, mais encore de ré-

Dirait-on que si les monarques alliés eussent exigé de Louis XVIII absent, l'abolition de la loi Salique et l'asservissement de la France, Louis XVIII, sur le trône eût pu ou dû regarder ce serment comme obligatoire ?

* Ils étaient libres sur parole.

parer par tous moyens, le tort que lui ou son peuple en eussent pu éprouver ; et ici le dommage à l'égard du prince, serait d'intervertir *l'hérédité à son préjudice*, et par rapport *au Portugal*, en soumettant la métropole à la colonie, de lui ravir *l'indépendance et l'empire.*

Et vainement, à cette occasion, viendrait-on à parler d'arrangemens pris, il ne peut être pris d'arrangemens contre l'équité. Et si, comme il est vrai, l'audace et la fraude eurent pour un temps le pouvoir de soustraire aux yeux du monde, quant à l'empire et au prince dont nous parlons, le contrat original et le témoignage de la loi, aujourd'hui mieux instruit, le monde ne peut s'abstenir de juger selon la justice et les droits.

De telle sorte qu'établie sur cette base, et sainte à ce titre, *l'Alliance monarchique* qui dans *l'intérêt solidaire de la royauté*, replaça sur le trône de ses aïeux, *Louis de France*, en laissant agir le *pacte d'hérédité, ou la loi salique*, toujours en vigueur dans cette monarchie, *doit conséquemment*, à l'avènement *de don Miguel de Portugal*, et sans égard des promesses ou sermens présumés, auxquels, fussent-ils authentiques, l'infant ne serait pas tenu, maintenir en lui la royauté dans le sens des seuls contrats légitimes, reconnus en Portugal, *les articles de Lisbonne et de La-mégo* *.

Nous avons suffisamment prouvé que les promesses de l'infant, faites à l'étranger, et sous une influence étrangère, de quelque nature qu'on les suppose, étaient nulles de toute nullité; estimons à son tour la validité du serment de Lisbonne, juré, prétend-on, dans la séance royale préparée à cet effet.

Et sans doute, pourrions-nous alléguer contre cet acte, « que tout serment fait par erreur n'est obligatoire, surtout si la partie soupçonnée *de fraude et de violence* (cas ici reconnu), a manifesté *dans ses intérêts, des faits*, qui ne se trouvent *pas tels qu'on l'avait cru*; » nous prévaloir de ce que le prince témoigna d'avance assez clairement, qu'il ne comptait pas *prendre d'engagement sérieux,*

Le maintien de la paix, le bonheur du pays, le consentement libre de la nation...

V. Chapitre II, *de la noblesse.* Réponse du roi à cet article. Charte-patente de confirmation, et aussi le manifeste publié à Lisbonne en 1641, et distribué par les ambassadeurs dans toutes les cours.

* En 1143 et 1641. Ce dernier acte confirmé par Jean IV, 12 septembre 1642, et les étrangers comme les nationaux, dûment avertis de cette loi sur la succession du royaume.

appuyé même du témoignage unanime de ses ennemis ; en appeler à leurs récriminations qui nous apprennent que les *formes du serment* n'ont *point été remplies*, et que le prince ré-prouvant cet acte au moment même, ce qui équivaut *à une protestation légale*, avait pu-bliquement affirmé qu'il n'y avait *point parti-cipé*, et dès-lors concluant du défaut de *forme et de consentement*, prononcer *la nullité du serment en question*.

Il n'en sera cependant point ainsi, et sans nous arrêter à l'évidence, nous suivrons le système de nos adversaires, nous voudrons croire, nous croirons aux engagemens du prince, et il nous sera également facile d'en prouver l'invalidité.

Nul serment qui n'est à faire, n'est à tenir, dirons-nous avant tout.

Or, le serment du prince, juré contraire-ment à la foi première de l'héritier de Bra-gance, ne dut être fait, par lui, serment de *sa nature illicite et non mûrement consenti*, qui, ratifiant un acte étranger, détruit l'hé-rédité et dépouille le sceptre ; qui, sanction-nant un pacte abusif et subreptice, place la métropole sous le bon vouloir de la colonie

Aujourd'hui ce fait est universellement avoué.

et fait du Portugal l'accessoire d'un autre empire ; serment enfin qui, de droit, abrogeant la loi d'État et de famille, met de fait l'anarchie dans la famille et dans l'État.

Et de quelle vertu, nous le demandons, serait en effet ce serment ? aujourd'hui qu'il est évidemment prouvé que don Pèdre, *absent et étranger*, lequel, contrairement à *la loi*, disposa *par ordonnance* des droits et de l'indépendance de la mère-patrie ; perdit, aux termes positifs *du contrat fondamental*, qui seul *constituait son titre*, ses propres droits à la couronne du Portugal ; et que, conséquemment, l'assemblée de Lisbonne, dite des Cortès, ne tenant l'être que de don Pèdre, *la chose causée ne pouvant avoir plus de vertu que la cause* *, se trouva, création d'un pouvoir inhabile, dans la même incapacité de *requérir ou recevoir un serment* où d'ailleurs apparaît manifestement de fraude et de contrainte.

Et don Miguel ici, dans la supposition du serment, en y cédant par prudence, n'eût

En 1328.

* Décision suivie dans l'affaire de Philippe de France et d'Édouard d'Angleterre à l'occasion de l'hérédité.

songé visiblement qu'à soustraire son peuple
à la violence, qu'à détourner de lui des
dangers présens, qu'à lui épargner une lutte
sanglante; il n'eût cru devoir cette démarche,
d'avance et instantanément démentie, qu'à
la sûreté d'une nation désarmée et entourée
d'alliés menaçans; et de quelque manière
qu'on l'envisage, cet acte dut, par le fait,
rentrer dans l'espèce d'autres sermens exigés
par d'autres usurpateurs.

Dans cet acte et par cet acte, l'infant ne
put effectivement renoncer aux droits de sa
maison ni de son peuple; et comme l'Espagne
désavoua les sermens forcés de Bayonne, le
Portugal ne se trouve point engagé aux promesses de Lisbonne.

Le prince et le peuple, en cette occasion,
et sous des baïonnettes étrangères, ne purent
enfin être dépouillés de leurs légitimes droits,
pas plus que Théodose de Bragance et le Portugal, en présence des bandes espagnoles, et
sous le poids des sermens invalides de Lisbonne et d'Almerin, ne perdirent en effet de
leurs droits imprescriptibles, en sorte que
long-temps opprimés, ces droits gardèrent, à
leur égard, toute leur force, et triomphèrent

à-la-fois et tout ensemble, dans l'avènement de Jean IV et la restauration de la monarchie.

Primogéniture dans la ligne masculine : là, seulement pour la France, et aux termes de la loi fondamentale, se trouve la légitimité, *indigénat et résidence* *; là et seulement, où se rencontrent ces conditions vitales de la monarchie portugaise, se trouve à son égard l'hérédité, et ici la raison d'État exclut les antécédens.

Don Juan Ier., en dépit de ses sermens à Béatrix et sa qualité de régent qu'il tenait d'elle, devint monarque sitôt que Béatrix, s'avouant étrangère, cessa d'être apte à main-

Lamégo, art. Ier. et VI.

* « Aucun prince étranger ne régnera en Portugal, la nation ne devant pas obéir à un seigneur qui ne serait pas Portugais. »

« Si le roi est appelé à la succession d'un plus grand empire, il sera forcé de vivre en Portugal; que s'il a deux enfans mâles, l'aîné ira régner dans le royaume étranger, le second régnera en Portugal, et ce dernier sera seul reconnu héritier et légitime successeur. »

États de Lisbonne, chap. Ier. *de la noblesse.*

« Le roi de Portugal sera naturel et légitime Portugais, né dans ce royaume, avec l'obligation d'y demeurer et habiter personnellement. »

Lisbonne, chap. III. État du peuple.

tenir l'indépendance et l'empire. « *Il faut un* » *roi au Portugal*, » dit Nunez-Pereira; et la loi d'État qui désignait don Juan, abrogea ses sermens ! *Combattons l'étranger*, tel fut le cri d'Aljubarote; don Juan, sauveur de la patrie, et monarque à ce prix, ne manqua point à ses promesses.

Jean IV, long-temps sujet de fait des Philippe, fut légitime prétendant, sitôt que le Portugal réclama ses droits. Il hésitait. « Que feriez-vous, lui dit son héroïque épouse, si le pays, s'affranchissant du joug, se constituait en république indépendante ? — *Je resterais inviolablement attaché aux intérêts de la patrie*, répondit ce prince généreux. — Eh bien, reprit Louise de Gusman *, lui *prouvant ses*

---

* « Cette princesse était si merveilleusement instruite, tant par la nature que par l'étude, au grand art de la politique, aux mystères les plus cachés du gouvernement; elle pénétrait si profondément dans les secrets du cœur humain qu'elle ne savait pas seulement former de sublimes projets, mais les conduire et les achever. » Tel est le portrait que trace de cette reine un historien du temps; le Portugal, dans un auguste modèle voit aujourd'hui revivre la même vertu.

droits incontestables, et *lui représentant ses devoirs,* elle vous appelle; servez-la *donc comme roi.»* Et souverain, comme *naturel Portugais vivant en Portugal et protecteur-né de cet empire,* don Juan de Bragance, malgré ses sermens, dut, monarque légitime, en être dégagé *par le même effet et au même instant* que le Portugal recouvra ses droits.

Dans cette occasion, où, de même qu'aux états de Lamégo, la nation se constituait de nouveau par son union avec son roi, il lui appartenait *seule de juger de l'hérédité,* ou *plutôt d'appliquer le bénéfice de la loi fondamentale à qui de droit,* et cet acte constituait la légitimité.

Devant lui les antécédens restaient sans pouvoir, le monarque annulait l'homme privé, le prince mineur ou non avoué devait en effet disparaître, sitôt que la nation, d'accord avec la loi, avait marqué en lui, l'homme par excellence, le chef légitime, le roi.

Il faut un roi au Portugal *; c'est besoin aujourd'hui, que ce roi *le maintienne contre*

* Comme au temps d'Alphonse Ier., de Jean Ier., de

l'étranger, ses droits doivent être *incontesta-bles*, et quant à lui, ses devoirs *sont d'être in-violablement attaché aux intéréts de la patrie.*

Don Miguel est-il donc *naturel Portugais, résidant en Portugal*, et ces conditions *léga-les,* conditions nécessaires à l'existence du pays, comme empire, *se trouvent-elles en lui et en lui seul, il est ce roi.*

Finalement et dans cette situation, la nation n'ayant pas le droit d'infirmer le titre, mais seulement de juger si les conditions ordonnées se trouvent remplies, doit solen-nellement le déclarer*.

Alors sinon qu'il y renonce, l'infant accep-tant un titre à lui échu, doit à l'exemple d'Alphonse Ier., fondateur de l'empire de Jean Ier et de Jean IV, qui rétablirent sa gloire et son indépendance, remplir sans autre soin *les saints devoirs* qu'il lui impose, et

Jean IV, les mêmes conditions existant en don Miguel, et les besoins, quant au Portugal, étant les mêmes.

* Premièrement par le suffrage des conseils des communes (cameras) , comités permanens des cortès plénières de Lamégo, et ensuite par ces mêmes cortès, où le tiers est représenté par les procureurs du peuple.

Clergé, noblesse et peu-ple.

nonobstant *tout acte précédent par ce fait annulé*, pourvoir sans *égard d'autre engagement*, selon qu'il est de justice et de raison, *au salut de l'état et du peuple*, dont l'existence lui est *légitimement* confiée, et qui réclame de lui le maintien de *ses priviléges antiques et sacrés*, tout serment de don Miguel, jusqu'ici présumé, et qui aurait pour effet de nuire au Portugal et à son peuple, étant de soi nul, caduc et invalide, d'autant que nul serment qui n'est à faire n'est à tenir.

FIN.